Os Mestres e suas Mensagens

Raul Branco

Os Mestres e suas Mensagens

Editora Teosófica
Brasília - DF

B 816

Branco, Raul

Os Mestres e suas Mensagens / Raul Branco

1ª Edição, Brasília: Editora Teosófica, 2013

ISBN: 978-85-7922-092-0

CDD 212

Revisão conforme a Nova Ortografia: Maria Coeli Perdigão B. Coelho / Zeneida Cereja da Silva
Capa: Francisco Regis
Diagramação: Reginaldo Mesquita – Fone (61) 3341-3613
Impressão: Grafika Papel e Cores
e-mail: papelecores@gmail.com - Fone (61) 3344-3101

Sumário

Os Mestres e suas Mensagens[1]

O homem moderno não tem tempo a perder. Tudo deve ser eficiente e rápido. As pessoas sentem que as vinte e quatro horas do dia não são suficientes para realizar tudo o que desejam. A consequência dessa estressante corrida contra o tempo é uma preocupação crescente, quase obsessiva, com a eficiência, com formas de fazer tudo mais rapidamente e com menos dispêndio de energia. Para satisfazer esse anseio por uma gratificação instantânea aparece o produto instantâneo. Surgiram então o café, o chá, o leite em pó, o chocolate e toda uma extensa gama de produtos industrializados instantâneos

[1] O autor Raul Branco é um estudante da tradição cristã, tendo publicado os livros: *Pistis Sophia - Os Mistérios de Jesus.* Bertrand Brasil, 1997 e Editora Teosófica, 2009. *Os Ensinamentos de Jesus e a Tradição Esotérica Cristã.* Ed. Pensamento, 1999 e *O Poder Transformador do Cristianismo Primitivo.* Editora Teosófica, 2004 e 2009.

visando acelerar o processo de preparação e consumo dos alimentos. Esses produtos tiveram aceitação imediata pelos modernos neuróticos que acreditam no lema introduzido pelos norte-americanos: *time is money*, tempo é dinheiro.

Mas a tendência para agilizar, acelerar e tornar quase instantânea a gratificação do consumidor não ficou restrita aos produtos industrializados. Os serviços também entraram na onda da aceleração, capitaneados pela comida rápida *(fast food)* oferecida pelas cadeias de restaurantes, e seguida por um número crescente de serviços, incluindo os bancários e os meios de comunicação. Mais rápido, menos esforço, maior satisfação. Esse é o lema da vida moderna.

Não é de se estranhar que a pressão para a aceleração dos resultados tenha chegado também à vida espiritual. Um número crescente de instrutores e mensageiros estão oferecendo práticas espirituais que prometem acelerar o processo evolutivo, queimando etapas e transmutando o *karma.* Alguns gurus prometem, aos seus seguidores, a iluminação em pouco tempo, às vezes em até mesmo um fim de semana, seguindo suas instruções, simplificadas e adaptadas às demandas da nova era.

É nesse contexto que verificamos o aparecimento de uma literatura especial, atribuída a Mestres Ascensos ou Ascencionados, que oferece novas instruções e regras especiais para o discípulo moderno. Com isso, o discipulado fica ao alcance de todos os interessados, sem os inconvenientes dos requisitos tradicionais de purificação e disciplina, que sempre demandaram total dedicação por longos anos, quando não muitas vidas. De acordo com essa nova dispensação, o *karma* poderia ser agora transcendido em poucos anos, e não precisaria mais ser inteiramente equacionado para que a Iniciação máxima fosse alcançada, permitindo ao discípulo "Ascender."

Milhares de pessoas em todo mundo passaram a se afiliar a esses novos grupos. O processo de democratização, que inicialmente se restringiu à universalização do voto, sendo mais tarde estendido para a universalização do ensino e das oportunidades profissionais para todos, estaria chegando agora ao último reduto tradicionalmente conservador, a vida espiritual. Essa crescente hoste de entusiastas da nova espiritualidade demonstra o mesmo entusiasmo e dedicação dos recém-convertidos das religiões proféticas, falando com otimismo sobre seu progresso espiritual e a perspectiva de talvez ascender nesta mesma vida.

Todos nós sabemos, por experiência própria, como é difícil encontrar todos os elementos e informações necessárias para fazermos as melhores escolhas em nossa vida, em todos os níveis, inclusive o espiritual. Essa dificuldade é especialmente crítica para aqueles que recém-despertaram para a vida espiritual. Tudo é novidade! O objetivo deste trabalho é examinar as implicações dessas promessas de aceleração do progresso espiritual, comparando as instruções da milenar tradição do caminho do discipulado que leva a Iniciações progressivas, com as doutrinas e práticas apresentadas nas mensagens atribuídas aos Mestres Ascensos.

Conhecimento sobre os Mestres

Até meados do século XIX muito pouco era conhecido no Ocidente sobre os Grandes Seres, chamados no Oriente de Mahatmas, ou Mestres de Sabedoria. No Oriente, principalmente na Índia, os Mestres já eram conhecidos há milênios nos meios dos devotos e iogues. No Ocidente, no entanto, somente os discípulos aceitos (uma diminuta parcela da população) conheciam seus Mestres, guardando essa informação de forma reservada, por respeito a esses Santos Seres e para a proteção deles.

Foi somente a partir do final do século XIX, com a fundação da Sociedade Teosófica e posteriormente com a divulgação dos escritos de H. P. Blavatsky, que o conhecimento da existência dos Mestres se espalhou nos meios esotéricos e filosóficos na Europa e nas Américas. Alguns colaboradores de Blavatsky foram contrários a essa divulgação, em virtude da tradicional reserva observada pelos discípulos com relação a comentários públicos sobre a existência de seus instrutores. Mas os tempos eram outros e os próprios Mestres contribuíram indiretamente para que sua existência fosse amplamente divulgada no Ocidente.

As Cartas dos Mestres

O principal meio de divulgação da existência e do trabalho dos Mestres foi a publicação, no início do século XX, de uma longa série de cartas escritas pelos Mestres,[2] entre 1880 a 1886, a dois ingleses, A. O. Hume e A. P. Sinnett, sendo a maior parte dirigida a esse último. Sinnett, mais tarde, utilizou o material contido nas cartas para escrever dois livros muito comentados na época: *Budismo Esotérico* e *Mundo Oculto* [3]. Os Mestres também enviaram cartas, em menor número, a outros colaboradores seus, sendo muitas dessas coligidas e publicadas por C. Jinarajadasa, com o título de Cartas dos Mestres de Sabedoria.[4]

---

[2] *Cartas dos Mahatmas para A. P. Sinnett.* Sua 1ª edição foi publicada em inglês em 1923, e publicada em português, em 2001, pela Editora Teosófica.

[3] Publicado pela Editora Teosófica em 2000.

[4] *Cartas dos Mestres de Sabedoria,* C. Jinarajadasa, publicada pela primeira vez em inglês em 1919, e em português em 1996, pela Editora Teosófica.

Essas cartas são marcos para o estabelecimento de parâmetros sobre os ensinamentos desses Grandes Seres e para o conhecimento de seus métodos de comunicação com aqueles poucos aspirantes que, apesar de não terem sido treinados no caminho ocultista, de alguma forma mereceram recebê-las. Seu valor especial está no fato de serem reconhecidas por quase todos os estudiosos como sendo de autoria dos Mestres. Algumas foram recebidas poucos minutos depois de Sinnett ter escrito ao seu Mestre correspondente, no próprio verso do papel em que as perguntas tinham sido feitas. É importante frisar que a maioria das cartas foi precipitada. O Mahatma K.H., respondendo a Sinnett sobre esse processo disse: "*Devo pensar bem, fotografando cuidadosamente cada palavra e frase no meu cérebro antes que possa ser repetida por 'precipitação'.*"[5] Blavatsky comentou

[5] *Cartas dos Mahatmas para A. P. Sinnett.* Vol. I, p. 85.

sobre esse processo que: "*O trabalho de escrever as cartas em questão é efetuado por um tipo de telegrafia psíquica; os Mahatmas raramente escrevem suas cartas da forma usual. Uma conexão eletromagnética, por assim dizer, existe no plano psíquico entre um Mahatma e seus chelas, um dos quais age como seu secretário.*"[6] O curioso é que não importa qual chela venha a precipitar a carta, a letra será sempre exatamente a do Mestre. Um fato que ainda não foi explicado pela ciência moderna é como a tinta foi colocada, não na superfície do papel, mas no seu interior. Permanece inexplicável, também, como estrias, feitas com a mesma tinta com que a carta foi escrita, foram incorporadas a espaços regulares no papel. Esses e muitos outros detalhes técnicos foram estudados em profundidade por um dos maiores

[6] Artigo de H.P. Blavatsky sobre Precipitação publicado originalmente no *The Theosophist* e reproduzido no livro: *Five Years of Theosophy* (Londres, Reeves and Turner, 1885), p. 519.

especialistas em grafologia e falsificações, Vernon Harrison,[7] ex-gerente de pesquisas da Thomas De La Rue (equivalente à Casa da Moeda Britânica). Essas cartas encontram-se no Museu Britânico.

A Summit Lighthouse, uma das principais fontes de canalização de mensagens atribuídas aos Mestres Ascensos, confirma a existência e autenticidade dessas cartas: "*a fundação da Sociedade Teosófica deve-se aos Mestres Morya e Koot Hoomi, que a utilizaram para difundir seus ensinamentos para o Ocidente, em parte por meio de cartas pessoais dirigidas a um punhado de alunos teosóficos.*"[8]

É interessante notar que Sinnett nunca chegou a ver fisicamente nenhum dos dois Mestres com

[7] Vernon Harrison, *H.P. Blavatsky and the SPR* (The Theosophical University Press, 1997).

[8] Material contido na página da net da Summit Lighthouse do Brasil versando sobre o Mestre Ascenso El Morya Khan.

quem manteve extensa correspondência. Apesar do interesse de Sinnett em tornar-se um discípulo aceito do Mestre Koot Hoomi, geralmente referido como K.H., seu principal correspondente, foi-lhe dito que ele não tinha os requisitos para ser um discípulo, ou chela, como são conhecidos na Índia. Seus hábitos de vida e, principalmente, seus condicionamentos mentais, militavam contra a simplicidade e disciplina necessárias à vida de um chela. Sem essa disciplina e reorientação de vida, seria impossível para ele passar nos duros testes a que todos os discípulos são submetidos.[9] Noutra ocasião, explicando a natureza do treinamento dos discípulos e como eles deviam arcar com as consequências de seu *karma,* disse: "*Não guiamos nunca nossos chelas (mesmo os mais avançados) nem os advertimos previamente, deixando que os*

[9] "*Nós deixamos que nossos candidatos sejam tentados de mil maneiras diferentes, de modo que venha para fora a totalidade da sua natureza interna, e deixamos a esta a possibilidade de vencer de uma maneira ou de outra.*" *Cartas dos Mahatmas para A. P. Sinnett*, Vol. II, p. 98.

efeitos produzidos pelas causas que eles próprios criaram, lhes ensinem pela melhor experiência."[10] Ao solicitar uma comunicação direta com o Mestre sem comprometer-se a nenhuma mudança em sua vida, recebeu como resposta: "*Aquele que quiser erguer alto a bandeira do misticismo e proclamar que o seu reino está próximo tem que dar o exemplo aos outros. Ele deve ser o primeiro a mudar os seus próprios modos de vida.*"[11] Quando a correspondência terminou em 1886, depois de seis anos, Sinnett sentiu-se deprimido e, ao que tudo indica, acabou sendo vítima de seu excessivo anseio pela palavra dos Mestres.

Sinnett confessou em sua autobiografia que, poucos anos após o término da correspondência, conheceu em Londres uma senhora com dons psíquicos que o teria colocado em contato com

[10] *Meditações – Excertos de Cartas dos Mestres de Sabedoria.* Editora Teosófica, 2003, p. 190.
[11] *Cartas dos Mahatmas para A. P. Sinnett*, Vol. I, p. 43.

os Mestres outra vez. Ele jamais divulgou o nome da senhora, referindo-se a ela simplesmente como Mary. Esse 'contato' foi mantido em segredo de seus amigos e colaboradores, '*em conformidade com o desejo do Mestre.*' '*Foi informado que se H.P.B. viesse a saber sobre Mary, poderia usar seus extensos poderes ocultistas para interferir no contato com o Mestre.*'[12] No entanto, com o passar do tempo, foi a própria Mary que mostrou interesse em conhecer Blavatsky, aparentemente recebendo permissão para isso. Quando a reunião finalmente ocorreu, Sinnett escreveu em sua autobiografia que: '*H.P.B. não prestou atenção a Mary e não demonstrou nenhuma suspeita sobre suas características.*'[13] Ora, Blavatsky era uma discípula avançada, possuía poderosos dons psíquicos, mantinha-se constantemente

[12] A. P. Sinnett, *The Early Days of Theosophy in Europe*, Londres, Inglaterra, The Theosophical Publishing House, 1922, p. 93.

[13] *Autobiography of A. P. Sinnett*, texto não publicado, p. 60.

em contato com seus Instrutores e demonstrou repetidamente ao longo de sua vida total lealdade e obediência aos Mestres. Como esses sempre demonstraram ter total confiança nela, é altamente improvável que Mary fosse realmente um "canal" para o verdadeiro Mestre K.H., como Sinnett acreditava.

Vale mencionar que esse período final da vida de Sinnett, supostamente em contato com o Mestre através do "canal" Mary, foi o período mais árido e penoso de sua vida. Passou por sérias dificuldades financeiras, sofrendo a humilhação de ter que se valer da ajuda material de vários de seus antigos amigos para sua sobrevivência. Perdeu seu filho com tuberculose e sua mulher com câncer. Em virtude de divergências com a direção da Sociedade Teosófica em Londres, afastou-se da Sociedade, fundando outra entidade, a "Elusinian Society", que desfez poucos anos depois para retornar à Sociedade Teosófica, onde serviu como Vice-Presidente da Loja de Londres. Apesar do suposto contato com o Mestre, através do "canal" Mary, não publicou mais nada de caráter técnico ocultista, exceto um livro de teor histórico, *The Early Days of Theosophy in Europe*.

Outras Fontes de Informações sobre os Mestres

A partir de então, a literatura esotérica em geral e a teosófica em particular, passou a referir-se extensamente aos Mestres. Informações esparsas divulgadas por alguns de seus discípulos eram repetidas nos círculos esotéricos, nem sempre com a exatidão devida, contribuindo para a criação de certas lendas e imagens distorcidas sobre esses Grandes Seres. Essa situação foi amenizada a partir de 1925, com a publicação do livro, *Os Mestres e a Senda*, de autoria de C. W. Leadbeater, que era discípulo do Mestre K.H. Leadbeater conhecia pessoalmente seu Mestre bem como alguns outros membros da Grande Fraternidade Branca, como a Comunidade desses Grandes Seres é geralmente conhecida no Oriente, referida na tradição cristã como a Comunhão dos Santos. A obra ajudou a colocar muitos fatos em perspectiva. Leadbeater era um vidente que conseguia comunicar-se com vários Mestres, tanto no plano físico como em outros planos. Por ser um discípulo Iniciado, teve acesso direto a um grande número de informações até então desconhecidas no Ocidente. Dentre as revelações de seu livro vale a pena mencionar a estrutura da hierarquia dos Mahatmas, seu modo de operação no mundo e seu processo de treinamento de discípulos.

Como tudo na vida tem seu lado sombra, ou o reverso da medalha, o livro *Os Mestres e a Senda* também contribuiu para alimentar as fantasias e ilusões de pessoas encarnadas e desencarnadas. A partir das informações contidas nesse livro, várias entidades do astral começaram a enviar mensagens atribuídas aos Mestres. Essas comunicações geralmente oferecem mensagens calcadas em palavras de solidariedade humana e amor ao próximo. Muitas chamam a atenção para uma eminente crise que deverá se abater sobre nosso planeta se os homens não se regenerarem e atenderem aos apelos dos Mestres para uma mudança de vida. Para aqueles que conhecem a literatura espírita, essas comunicações atribuídas aos Mestres guardam um estreito paralelo com as comunicações de entidades desencarnadas, os "espíritos," conhecidos dos médiuns desde tempos imemoriais, mas que a partir do século XIX aparentemente passaram a se comunicar com muito maior frequência, sendo muitas dessas comunicações registradas e levadas ao conhecimento do grande público.

Em virtude do teor aparentemente benéfico dessas comunicações, muitas pessoas poderiam questionar por que nos preocuparmos com a autoria dessas mensagens. Se elas estão estimulando as pessoas para uma vida mais ética e amorosa, o que importa se essa atribuição aos Mestres é correta ou não? Porém, devemos nos lembrar de que o objetivo da vida espiritual é o conhecimento da verdade, objetivo esse indicado por Jesus quando nos disse: *"Conhecereis a verdade e a verdade vos libertará"* (Jo 8:32). Mas não é só isso. Apesar do teor adocicado das mensagens em pauta, elas trazem em seu bojo três grandes perigos de distorção: sobre a maneira como os Mestres atuam no mundo, a natureza do progresso espiritual dos discípulos e alguns aspectos da vida oculta.

Relacionamento e Comunicação entre Mestre e Discípulo

Em primeiro lugar, a atribuição dessas mensagens aos Mestres cria uma ideia errônea sobre o método de operação dos Mahatmas no mundo. Provavelmente ainda são válidas as palavras do Mestre K.H. enviadas a Sinnett e aos teosofistas europeus no século XIX: "*Nenhum de vocês teve jamais uma ideia exata dos 'Mestres' nem das leis do Ocultismo pelas quais eles orientam.*"[14]. Os Mestres sempre indicaram que sua latitude para ação no mundo material é consideravelmente limitada e que agem, via de regra, por meio de seus discípulos no mundo e

[14] *Cartas dos Mahatmas para A.P. Sinnett*, Editora Teosófica, 2001, carta 136, pp. 313-314, vol. II.

não por meio de comunicações bombásticas ou de fenômenos paranormais, geralmente chamados de milagres.

Isso ficou claro no caso clássico de Sinnett que, ao longo de sua extensa correspondência, instou os Mestres a demonstrarem cabalmente ao mundo sua existência por meio de algum fenômeno incontestável, como a materialização de um exemplar do jornal *The Pioneer* em Londres, no mesmo dia de sua publicação na Índia, e do *Times,* em Simla, na Índia, no mesmo dia de sua publicação em Londres. Em virtude dos meios de transporte da época, a realização desse feito seria um verdadeiro "milagre." O Mestre K.H. pacientemente explicou a Sinnett: "*Justamente porque o teste com o jornal de Londres fecharia a boca dos céticos – ele é impensável... A verdade é que nós trabalhamos usando leis e meios naturais e não sobrenaturais...*

Você diz que metade de Londres seria convertida se você pudesse entregar ao público de lá o jornal Pioneer no mesmo dia da sua publicação. Permita-me dizer que, se as pessoas acreditassem que a coisa era verdadeira, elas o matariam antes que pudesse dar uma volta no Hyde Park, e se elas não acreditassem, o mínimo que poderia acontecer seria a perda da sua reputação e de seu bom nome, por propagar tais ideias."[15] O Mestre continuou a carta por várias páginas, apresentando seus argumentos com extrema sabedoria e lucidez, provando a Sinnett que a experiência milenar da Fraternidade comprova que a humanidade sempre resiste aos fenômenos que não consegue explicar, endeusando ou matando aqueles que os apresentam.

Os Mestres, portanto, agem no mundo através de seus discípulos. Projetos, mensagens ou

[15] *Cartas dos Mahatmas para A. P. Sinnett*, Editora Teosófica, vol I, p. 36.

ações que desejam realizar para a humanidade são efetuados por seus colaboradores no mundo material, sendo atribuídos a esses colaboradores. Esse é um ponto básico, como podemos verificar com obras 'inspiradas' como *Luz no Caminho*[16], *A Doutrina Secreta* e tantas outras, que são sempre publicadas em nome do discípulo. O Mestre solicita ou inspira seu discípulo a agir da forma desejada. Mas, deve ficar claro aqui, que o Mestre quando muito solicita, sem jamais atropelar ou forçar o livre-arbítrio do ser humano. Os irmãos das trevas agem de forma diferente, manipulando, hipnotizando ou forçando as pessoas, de uma forma ou outra, sem respeitar sua vontade própria.[17] Para os agentes das trevas os fins justificam os meios,

[16] Editora Teosófica, 5ª ed. 2011.

[17] "*Somente os adeptos, isto é, os espíritos encarnados – estão proibidos pelas nossas leis sábias e intransgressíveis de sujeitar completamente uma outra vontade mais fraca – de um homem que nasceu livre. Este último procedimento é o adotado preferencialmente pelos 'irmãos da sombra', os feiticeiros, os fantasmas elementais.*" *Cartas dos Mahatmas para A. P. Sinnett*, op.cit., Vol. I, p. 115-116.

para os Seres de Luz isso seria inadmissível.

Isso nos remete à questão da preparação dos discípulos. Um discípulo é um Mestre em preparação. Está sendo habilmente conduzido a trilhar o caminho da perfeição, como indicou Jesus: "*Sede vós perfeitos como o vosso Pai celeste é perfeito*" (Mt 5:48). Por isso, um dos objetivos do treinamento é tornar o discípulo cada vez mais autossuficiente, capaz de trilhar o Caminho com suas próprias pernas e sem ajuda externa. Tanto é assim, que geralmente os Mestres só aceitam como discípulos aqueles aspirantes que já fizeram contato com seu mestre interior, ou seja, sua alma. É por essa razão que a credibilidade e total confiança nas comunicações atribuídas aos Mestres oferece um grande risco, ou seja, de tornar o aspirante dependente das comunicações externas, de guias, rituais e práticas exteriores. Retornaremos a este ponto mais adiante.

Não queremos dizer com isso que nenhuma comunicação é feita a aspirantes e discípulos no mundo. Certamente que não. A comunicação por cartas, como efetuado com Sinnett, Hume e uns poucos outros, no século XIX, realmente é muito rara. Mas os Mestres comunicam-se com frequência com seus discípulos por telepatia. Os discípulos mais avançados são treinados nesta forma de comunicação, podendo utilizá-la com seus instrutores e outros discípulos avançados. Mas os colaboradores ainda não admitidos como chelas e os discípulos mais jovens, ainda incapazes de uma comunicação direta com seus instrutores, também têm a oportunidade de contatos com os Mestres. Existem, em diversos países, vários grupos fechados, comunicando-se com os Grandes Instrutores por meio de um discípulo avançado capaz de comunicar-se telepaticamente com os Mestres. Esses grupos estão geralmente voltados para o treinamento de seus membros e a preparação de certas ações no mundo. Os membros desses grupos são escolhidos por sua comprovada dedicação à causa do bem da humanidade. Para serem aceitos, fazem um voto de segredo sobre suas atividades. Essa é a razão destes grupos raramente serem conhecidos do público.

Mas, e os outros aspirantes? Este é um ponto delicado que inicialmente causa frustração aos que procuram seguir o caminho do ocultismo. Para que possamos entender melhor essa questão devemos levar em consideração o papel dos Mestres em relação à humanidade. Sabemos que os Mahatmas são seres que por suas realizações mereceram entrar em *Nirvana*, ou seja, naquele estado de bem-aventurança divina absolutamente incompreensível a nós seres humanos. No entanto, movidos por uma profunda compaixão, optaram por permanecer na esfera terrena,[18] até que o último ser humano fosse liberto do sofrimento, ajudando neste processo, sempre e em todos os casos de acordo com as leis universais do *karma* e do livre- arbítrio.

Dentro desses parâmetros, e levando em conta a experiência dos membros da Fraternidade, acumulada ao longo de incontáveis milênios de atuação no mundo, os Mestres sabem exatamente o que pode ser feito e o que deve ser feito para ajudar cada indivíduo no seu estágio atual de evolução. Jamais agem baseados em personalismos e preferências, mas sempre de acordo com os méritos das pessoas, de suas condições *kármicas* e das oportunidades para estender o maior benefício ao maior número possível de pessoas, por meio das ações a serem realizadas

[18]Como termo de comparação, as vibrações pesadas de nosso plano material agridem mais aos Mestres do que um campo de batalha cheio de cadáveres mutilados em decomposição agrediria a uma pessoa mais sensível em nossa sociedade moderna.

por seus colaboradores no mundo.

Quando estudamos o maravilhoso trabalho dos Mestres, podemos imaginar que o mundo seria totalmente diferente se uma grande parte da humanidade conhecesse esses Grandes Seres. Isso nos levaria a pensar que um movimento de conscientização popular do trabalho dos Mestres poderia ser um grande facilitador para a evolução. Mas é dito, porém, que justamente o contrário é verdadeiro. A última carta escrita pelo Mestre K.H, em 1900, a Annie Besant, então Presidente da Sociedade Teosófica, urgia ação muito específica a esse respeito: "*Muito poucos são aqueles que podem saber qualquer coisa a nosso respeito... O falatório acerca dos 'Mestres' deve ser silenciosa, mas firmemente eliminado. Que a devoção e o serviço sejam somente para aquele Supremo Espírito, do qual cada um é uma parte. Nós trabalhamos anônima e silenciosamente, e a contínua referência a nós mesmos e a repetição de nossos nomes gera uma aura confusa que atrapalha nosso trabalho.*"[19]

[19]*Cartas dos Mestres de Sabedoria,* C. Jinarajadasa (compilador). Editora Teosófica, 2ª ed. 2010, p. 106-7.

A Inspiração de Colaboradores dos Mestres

Quando as condições dos aspirantes não permitem um contato direto, os Mestres "inspiram" e ajudam de forma indireta aqueles que se oferecem para servir. Por exemplo, aqueles que estão atuando na comunicação das verdades espirituais, são seguidamente ajudados com ideias, conceitos, argumentos e fatos que simplesmente aparecem em sua mente. Como o plano mental está repleto de formas pensamentos[20], um Mahatma pode facilmente direcionar uma forma pensamento poderosa com as ideias ou os conceitos que poderão ajudar naquele momento seu colaborador no plano terreno. O aspirante terá sempre a

[20] Para melhor entender como os pensamentos atuam no plano mental recomendamos a leitura dos livros *O Poder do Pensamento*, de Annie Besant, Ed. Pensamento, e *Formas Pensamento,* de A. Besant e C.W. Leadbeater, Ed. Pensamento.

possibilidade de usar seu discernimento para decidir se adota a ideia ou não. Todos os escritores e oradores sabem, por experiência própria, que quando engajados num projeto altruísta ou que pode trazer benefícios à sociedade, seguidamente as ideias aparecem como se caíssem do céu. Além disso, o que Jung chamou de sincronicidade[21] começa a ocorrer. O indivíduo entra numa livraria e encontra um livro versando exatamente sobre o tema que estava pesquisando. Às vezes a "coincidência" é tal que, ao folhear o livro, ele abre exatamente na página tratando do assunto de seu interesse imediato.

Deve ficar claro, porém, que nem todas as "inspirações" têm sua origem nos Mestres. Provavelmente a principal fonte de inspiração é o próprio mestre interior, ou seja, o Eu Superior. Na

[21] Para um estudo aprofundado sobre a questão das sincronicidades, vide o excelente livro de Pierre Weil, *Os Mutantes* (Verus Editora).

verdade, nossa natureza superior é a expressão de Deus em nós, conhecida nos meios ocultos como EU SOU, e referida pelos teólogos como a natureza imanente de Deus. Portanto, o Eu Superior é sempre imensamente mais sábio do que nossa personalidade e, ademais, tem acesso à Mente Divina, chamada muito apropriadamente por Jung de inconsciente coletivo. Por isso, quando estamos devidamente concentrados, podemos entrar em contato com nosso Eu Superior, ainda que não tenhamos consciência disso.

Outra fonte possível de inspiração são os anjos. Os videntes, que desenvolveram a visão espiritual e são capazes de perceber a atividade dos seres normalmente invisíveis aos nossos órgãos de percepção externos, sabem que os anjos estão sempre buscando oportunidades para cooperar com o bem-estar e o progresso da humanidade. É da natureza dos seres angélicos servir e agir de forma altruísta, em contraste com os seres humanos, em nosso atual estágio evolutivo, que estão sempre procurando tirar proveito de todas as situações. Inteiramente desprovidos de ego, não podem agir de forma egoísta, sendo o seu progresso evolutivo função da extensão de seu sacrifício inteligente em prol da evolução em seu plano.[22] Portanto, os anjos do plano mental seguidamente direcionam ideias e pensamentos apropriados para as pessoas que estão engajadas na busca da verdade e, principalmente, para aqueles que estão trabalhando em obras que podem contribuir para a evolução da humanidade.

[22]Para maiores informações sobre as atividades dos anjos, vide as obras de Geoffrey Hodson, *O Reino dos Deuses* e *A Fraternidade de Anjos e de Homens*, ambas da Ed. Pensamento.

Métodos de Comunicação dos Mestres

Convém esclarecer os métodos conhecidos pelos quais os Mestres capacitam seus discípulos a transmitir informações e ensinamentos ao mundo. A tradição esotérica indica que os Mestres geralmente usam dois métodos para transmitir informações que gostariam de divulgar à humanidade. No caso de uma obra que no atual estágio evolutivo da humanidade pode agora ser divulgada, mas que deve ser transmitida absolutamente sem erros, geralmente imprimem telepaticamente o texto na mente do discípulo para que esse, por sua vez, possa escrevê-lo de forma correta. A obra *Luz no Caminho* teria sido escrita por esse meio por Mabel Collins no século XIX. De acordo com Leadbeater, em casos excepcionais, os

Mestres podem até ditar a mensagem a ser transmitida: "*Há casos em que uma incumbência de grande importância é ditada palavra por palavra, e anotada no plano físico, na hora, pelo recipiendário, mas tais casos são sumamente raros.*"[23]

O outro método, geralmente usado com discípulos mais avançados, é a transmissão telepática de informações, conceitos e ideias, deixando por conta do discípulo a formulação do texto final de acordo com seus dons intelectuais e literários. Essas transmissões geralmente ocorrem no plano mental abstrato ou no *buddhico* (intuitivo). Lembramos que nos planos superiores, as comunicações não são realizadas por palavras, como em nosso mundo. Os conceitos são expressos de uma forma simbólica sintética, e devem ser "decodificados" ou "traduzidos" em palavras, pela mente concreta, para serem inteli-

[23] *Os Mestres e a Senda,* C. W. Leadbeater. Editora Pensamento, p.114-115.

gíveis em nosso plano.

Um exemplo clássico das comunicações por meio de discípulos avançados é o conhecido trabalho de Blavatsky, *A Doutrina Secreta.* Ela era capaz de recolher informações dos registros *akáshicos*, ler à distância textos que se encontravam em outros lugares (como na biblioteca secreta do Vaticano) e receber comunicações de diferentes Mestres colaborando na obra. Porém, a tarefa nem sempre era meramente a de receber um ditado, mas sim a de compor, com suas próprias palavras o texto a ser produzido. A Condessa de Wachtmeister, sua companheira constante durante o período em que escreveu *A Doutrina Secreta,* relata que, um dia: "*... ao entrar no gabinete de Blavatsky, encontrei o chão coberto de folhas manuscritas. Perguntei a razão desse aspecto de confusão, e ela respondeu: "Sim, tentei doze vezes escrever esta página corretamente e toda vez* *o Mestre diz que está errado. Acho que vou ficar louca, escrevendo-a tantas vezes; mas deixe-me sozinha; não descansarei enquanto não o conseguir, ainda que tenha de ficar aqui a noite toda." Uma hora mais tarde ouvi sua voz me chamando e, ao entrar, verifiquei que havia, finalmente, concluído o trecho e de maneira satisfatória."*[24]

[24]Condessa Constance Wachtmeister, *Reminiscências de H.P. Blavatsky e de A Doutrina Secreta*, Editora Pensamento, p. 25-26.

Comunicações Canalizadas Atribuídas aos Mestres

A principal consideração que nos levou a alertar os estudantes de ocultismo para o perigo dessas comunicações, apesar de seu caráter aparentemente beneficente, é o fato de elas conterem muitas distorções e, até mesmo, erros factuais e conceituais. Isso sugere que a grande maioria, se não a quase totalidade dessas mensagens provavelmente não é de autoria dos Mestres.

Numa de suas cartas, K.H. disse a Sinnett que não era possível a comunicação com ele por meio de médiuns. "*Você quer saber por que é considerado extremamente difícil, se não completamente impossível para os Espíritos puros desencarnados se comunicarem com os homens através de mé-*

diuns ou fantasmasofia. Eu digo que é: (a) devido às atmosferas antagônicas que envolvem respectivamente esses mundos; (b) por causa da diferença extrema que há entre as condições fisiológicas e espirituais; e (c) porque essa cadeia de mundos sobre a qual falei a você não é somente um epicicloide, mas uma órbita elíptica de existências, tendo como toda elipse não um, mas dois pontos, dois focos, que nunca podem se aproximar um do outro. O homem está em um dos focos, e o Espírito puro no outro."[25]

Em outras palavras, as entidades do astral não são confiáveis como instrutores. Com exceção dos seres conhecidos como *Nirmanakayas*[26], que atuam no plano astral para o benefício daqueles que estão de passagem por aquele plano ou podem receber comunicações astrais, a grande maioria

[25] *Cartas dos Mahatmas para A. P. Sinnett*, Vol. I, p. 124.

[26] Seres humanos que alcançaram a mais alta iluminação, que os capacita a entrar no estado de inconcebível bem-aventurança conhecido como *Nirvana*, mas que optam pelo sacrifício de permanecer na esfera terrena, para trabalhar em benefício da humanidade sofredora.

dos habitantes do astral que enviam mensagens para pessoas encarnadas, por intermédio de médiuns, já perderam seus princípios superiores e estão em processo de decomposição. No entanto, devido às características especiais daquele plano, essas entidades, melhor conhecidas como cascões, ou cadáveres astrais, retêm parte de sua memória passada e podem, além disso, entrar em sintonia com as emoções e os pensamentos das pessoas envolvidas na sessão mediúnica. Por essa razão podem enviar mensagens baseadas no que restou de sua memória do passado bem como no conhecimento atual dos encarnados que participam da sessão. Por isso, as mensagens tendem a refletir a expectativa dos recipiendários, sendo geralmente aceitas, apesar de não acrescentarem nada de novo em termos de ensinamentos.

O Mestre K.H., respondendo a uma pergunta de Sinnett, que sempre mostrou grande interesse pelos processos mediúnicos, alertou: "*Naquele mundo (o astral), meu bom amigo, nós só encontramos máquinas ex-humanas, inconscientes e autômatas; almas em estado de transição, cujas faculdades e individualidades adormecidas estão como uma borboleta em sua crisálida; e os Espíritas esperam que elas falem com sensatez! Colhidas em certas ocasiões pelo vórtice da corrente anormal "mediúnica," elas se tornam ecos inconscientes de pensamentos e ideias cristalizadas em volta dos que estão presentes.*"[27]

Em inúmeras ocasiões os Mestres alertaram seus correspondentes sobre os perigos das comunicações mediúnicas em geral, e da real impossibilidade deste meio ser utilizado pelos Adeptos para suas comunicações com seus colaboradores. Porém, deixaram claro que muitas comunicações espúrias do astral seriam atribuídas

[27] *Cartas dos Mahatmas para A. P. Sinnett*, Vol. I, p. 125.

a eles. "*Pode ocorrer que em função de objetivos próprios nossos, médiuns e seus fantasmas sejam deixados à vontade e livres não só para personificar os "Irmãos", mas até mesmo para forjar nossa letra manuscrita.*"[28] Esse ponto deve ser levado em consideração nas mensagens atribuídas aos Mestres. Todos os grandes reformadores espirituais alertam para esse fato. Jesus, por exemplo, disse: "*Guardai-vos dos falsos profetas, que vêm a vós disfarçados de ovelhas, mas por dentro são lobos ferozes*" (Mt 7:15).

Apesar de todos os alertas dos Mestres sobre comunicações mediúnicas, o escritor inglês W. Oxley enviou um artigo para publicação no *The Theosophist,* alegando ter recebido instruções do Mestre K.H., em forma astral, em três ocasiões. A situação tornou-se tão confusa que o Mestre Djwal Khul (D.K.), no impedimento de seu Mestre

---

[28] *Cartas dos Mahatmas para A. P. Sinnett,* Vol. II, p. 152.

K.H., resolveu esclarecer a questão escrevendo a Sinnett que não era verdade que a entidade que estava comunicando-se com Oxley era o Mestre K.H. E, para evitar a repetição desses tipos de impostura, informa que um procedimento de segurança passará a ser adotado: "*De agora em diante qualquer médium ou vidente que se sentir inclinado a alegar que foi visitado por, ou teve uma conversa com, ou viu meu Mestre, terá que comprovar a alegação antecedendo sua afirmativa com TRÊS PALAVRAS SECRETAS, que ele, meu Instrutor, comunicará e deixará sob a guarda do sr. Hume e do sr. Sinnett... Meu Mestre lamenta ser forçado a tomar esta medida, já que infelizmente, no período recente, tais autoilusões têm-se tornado bastante frequentes, e requerem uma pronta providência.*"[29]

Clara Codd, uma profunda estudiosa do ocultismo, escrevendo em meados do século

[29] *Cartas dos Mahatmas para A. P. Sinnett*, Vol. II, p. 30-31.

XX sobre comunicações mediúnicas, diz: "*Este é um assunto importante a ser pensado nestes dias quando tantos médiuns e clarividentes estão transmitindo mensagens e diretrizes em nome de muitos membros da comunidade dos Adeptos. É realmente extraordinário o rápido crescimento de tais ilusões. No curso de minhas viagens tenho pessoalmente encontrado muitos dos assim chamados adeptos, iniciados, muitos dos quais declarando-se adeptos de alto grau.*"[30]

Os sensitivos também estão sujeitos a enganos em suas visões. "*Há muitos clarividentes sinceros, mas não treinados, que transmitem mensagens e ensinamentos supostamente vindos dos Mestres de Sabedoria. Uma sensitiva nata que eu conheci bem na África do Sul – e que, ao mesmo tempo, é dotada de considerável força de caráter e bom-senso, disse-me várias vezes ter, em sua*

[30] *As Escolas de Mistérios,* Clara Codd. Editora Teosófica, 1999, p. 85.

própria experiência, descoberto que quase todas as aparições astrais são 'mentirosas'. O plano astral é o que H.P.B. chama 'o mundo da grande ilusão'."[31] Para que o sensitivo possa 'ver' sem distorções no plano astral deve submeter-se a um treinamento rigoroso. Comentando a respeito das visões enganosas que podem ser observadas no astral, o Mestre K.H. escreve: "*Há aqueles que são voluntariamente cegos e outros o são involuntariamente. Os médiuns pertencem aos primeiros, os sensitivos aos últimos. A menos que tenham sido adequadamente iniciados e treinados, no que se refere à visão espiritual das coisas e às supostas revelações feitas à humanidade em todas as épocas, desde Sócrates até Swedenborg e 'Fern' – nenhum vidente ou clariaudiente treinado por si mesmo viu ou ouviu alguma vez com completa exatidão.*"[32]

[31] Clara Codd, op.cit., p. 85-86.

[32] *Cartas dos Mahatmas para A. P. Sinnett*, Vol. I, p. 169-70.

Examinemos, agora, algumas das distorções e dos erros apresentados em certas comunicações atribuídas aos Mestres. Uma das mais citadas e que provocou considerável impacto nos meios esotéricos foram as obras de Alice A. Bailey. Ao longo de quase trinta anos (1922 a 1949), Alice Bailey produziu 24 obras, sendo 18 delas atribuídas a uma entidade, por muito tempo referida simplesmente como "O Tibetano." Nos últimos anos de suas atividades literárias, Bailey deixou escapar, ou deu a conhecer, os fatos não são muito claros, que "O Tibetano" era o Mestre Djwal Khul, que havia ajudado o Mestre K.H. no trabalho da Sociedade Teosófica no século XIX. Alice Bailey tinha uma mente brilhante e, com sua dedicação ao estudo, destacou-se rapidamente nos meios teosóficos, chegando a atuar como coordenadora da sessão esotérica da Sociedade Teosófica nos Estados Unidos. Acabou deixando a

S.T. para fundar sua Escola Arcana, que ministrava por correspondência ensinamentos esotéricos, baseados nas instruções atribuídas ao Tibetano.

Suas obras, escritas num estilo literário um tanto convoluto, que tornava os assuntos tratados muito mais complicados e aparentemente mais profundos, exerceram grande influência nos meios esotéricos, sendo muito citadas. Com a repetição das citações, as informações apresentadas em suas obras foram adquirindo uma aura de respeitabilidade inquestionável. Os estudantes de esoterismo que são submetidos a esse bombardeio de informações de fontes aparentemente fidedignas, depois de certo tempo, têm dificuldade para separar o joio do trigo.

O autor deste trabalho pode falar sobre esta questão com conhecimento de causa, pois foi estudante da Escola Arcana por cerca de cinco anos, recebendo o material de instrução diretamente da sede da Escola em Nova Iorque. Se por um lado o material era atraente em vista da profusão de informações de cunho aparentemente esotérico, continha vários pontos que pareciam questionáveis.

Só consegui me livrar do terrível emaranhado de dúvidas e questionamentos em que estava enredado, ao perceber intuitivamente que Alice Bailey seguiu os passos de muitos outros aspirantes e até mesmo discípulos que, devido a sua dedicação e desejo de servir, são inicialmente inspirados pelo alto. No entanto, quando seu ego ou seus preconceitos interferem com seu trabalho espiritual no mundo, a inspiração é retirada e essas pessoas continuam sua jornada acreditando que são portadoras da luz, mesmo quando, na realidade, tenham se tornado disseminadoras de ilusões e meias-verdades. No caso de Bailey, ao que parece, essa inspiração inicial lhe teria sido retirada pelo fato de usar seus livros, palestras e atividades da Escola Arcana para propagar suas ideias e preconceitos religiosos adquiridos na infância e durante os anos em que trabalhou como evangelizadora da Igreja Anglicana na Inglaterra, Irlanda e Índia[33].

Bailey acreditava literalmente no retorno de Cristo para o estabelecimento de Seu Reino na Terra por mil anos. Esse parece ter sido o principal ponto para a ruptura de seu contato interior, a insistência, em seus livros e palestras, de que toda a Hierarquia estava engajada no trabalho de preparação para o "iminente retorno do Cristo." Apesar de mais de noventa anos terem se passado desde que começou a pregar sobre o "iminente" retorno, a chegada de Cristo em

[33]Vide, Alice Bailey, *The Unfinished Autobiography*, N.Y., Lucis Publishing Co., 1951.

nosso sofrido planeta ainda é uma promessa a ser cumprida, pelo menos no sentido em que sempre foi entendida pelos fundamentalistas, ou seja, em forma corpórea e com toda Sua glória externa. Com a retirada da inspiração do "Tibetano", depois de seus primeiros livros, não se sabe que entidade apareceu para ocupar o vazio criado na comunicação psíquica de Alice Bailey, mas seus livros subsequentes indicam uma mudança de estilo e passaram a apresentar cada vez mais detalhes curiosos sobre a vida esotérica e o trabalho da Hierarquia.

Os Mestres "Ascensos"

A partir da década de trinta, do século XX, começou a aparecer um tipo especial de comunicação canalizada, dessa vez referindo-se aos Mestres "Ascensos". Ao que tudo indica, essas comunicações começaram com as mensagens transmitidas por intermédio de Guy Ballard. As comunicações de Ballard começam com os detalhes do que teria sido seu primeiro encontro com o Mestre Saint Germain, no Monte Shasta, na Califórnia. Informou que de lá foi levado em seu corpo sutil, pelo Mestre, ao retiro de Monte Teton, escondido dentro daquela montanha em Wyoming, EUA. A partir de então suas experiências foram relatadas em diversos livros, como: *Unveiled Mysteries, The Magic Presence, I Am Discourses, Instructions from an Ascendend*

Master, The Beloved St. Germain Speaks. Por ocasião de sua morte, no Retiro de Royal Teton, teria finalmente ascendido, passando a ser conhecido como o amado Mestre Ascenso Godfre.

O trabalho de Ballard parece ter aberto a caixa de Pandora de onde saiu uma infinidade de outras comunicações atribuídas aos Mestres Ascensos. Uma busca na internet revelará a variedade de materiais existentes sobre esse assunto. Essas comunicações foram "canalizadas" não só por sensitivos norte-americanos, mas também de outros países, inclusive do Brasil. Seria impossível, dentro do escopo desta obra, tentar apresentar algo do trabalho de todos esses sensitivos ou mesmo dos mais representativos. Procuraremos, no entanto, apresentar as linhas gerais dos ensinamentos transmitidos por esses diferentes canais, pois guardam considerável semelhança.

Vale mencionar que, após as comunicações de Ballard, talvez os movimentos com maior repercussão tenham sido a Ponte para a Liberdade e, mais recentemente, a Summit Lighthouse (Farol do Cume), ambos fundados nos Estados Unidos, passando a atuar em vários países, inclusive no Brasil. Parte das informações sobre esses grupos apresentadas a seguir, em forma resumida, foi retirada de folhetos, páginas da Internet e livros da Summit Lighthouse do Brasil.

Em primeiro lugar, o que é um Mestre Ascenso? Um Mestre Ascenso seria um iniciado que alcançou a Sexta Iniciação que, para esses grupos, é tida como a Iniciação equivalente, na tradição cristã, à Ascensão de Cristo aos Céus para ficar à direita do Pai, daí a referência a "Mestre Ascenso." De acordo com essa linha, a Primeira Iniciação seria simbolizada pelo Nascimento do Cristo, a Segunda pelo Seu Batismo, a Terceira pela Transfiguração, a Quarta pela Crucificação, a Quinta pela Ressurreição e a Sexta pela Ascensão. Parece ter havido uma confusão nesta codificação das iniciações. Até a Terceira, as Iniciações como simbolizadas pela vida de Cristo conferem com a visão de outros autores.[34] As diferenças aparecem a partir da Quarta Iniciação, já que os eventos da Crucificação e da Ressurreição que, para a linha dos Mestres Ascensos, constituiriam iniciações separadas, sempre foram considerados pelos estudiosos do Cristianismo Esotérico como dois aspectos da mesma iniciação. "*Na simbologia cristã a Quarta Iniciação está representada pelas angústias sofridas no horto de Gethsêmane, a crucificação e ressurreição de Cristo.*"[35] A crucifi-

[34]Vide: *A Vida do Cristo do Nascimento à Ascensão,* Geoffrey Hodson. Editora Teosófica, 1999; *O Cristianismo Esotérico,* Annie Besant. Editora Pensamento; *A Gnose Cristã,* C.W. Leadbeater, Editora Teosófica, 2ª ed. 2001. *From Bethlehem to Calvary, The Initiations of Jesus.* Alice A. Bailey, N.Y., Lucis, 1981; *From Jesus to Christ,* Rudolf Steiner. Sussex, Rudolf Steiner Press, 1991; e *Os Ensinamentos de Jesus e a Tradição Esotérica Cristã,* Raul Branco. Editora Pensamento, 1999.

[35]*Os Mestres e a Senda,* op.cit., p. 197.

cação e a ressurreição representariam, assim, os dois lados da mesma moeda, ou seja, a morte do homem velho e o nascimento do homem novo de que fala Paulo. A tradição dos Mistérios egípcios descrevia essa Iniciação ocorrendo numa cripta. Nela, o candidato era atado sobre uma cruz de madeira, induzido a um transe profundo, equivalente à morte, descendo então aos mundos inferiores em seus corpos sutis e em seguida aos mundos superiores onde era instruído e Iniciado, para finalmente ser desperto, ou "ressuscitado" pelo Hierofante no terceiro dia.

A Quinta Iniciação, de acordo com a tradição esotérica, constituiria a última iniciação do ciclo humano. A partir de então, os Adeptos passam a trilhar uma nova Senda, incompreensível para a nossa experiência humana. Nas palavras de Geoffrey Hodson, "*A grande consumação é alcançada. Assim, finalmente, é transposto o quinto por-*

tal, a ascensão. Todas as fraquezas humanas são deixadas para trás. Os poderes divinos são desenvolvidos e empregados. Simbolicamente, o ser perfeito ascende nas nuvens de glória para a mão direita de Deus (At 1:9-11). O poder divino no homem, nascido primeiro como uma criancinha, alcança então 'a medida da estatura da plenitude de Cristo'. (Ef 4:13)"[36]

As comunicações dos Mestres Ascensos apresentam incontáveis detalhes sobre a vida dos Mestres, suas encarnações anteriores, os retiros onde vivem, os projetos em que estão engajados, e os dons e poderes divinos que operam em prol da realização do grande plano divino. O estudante de esoterismo não cessa de se maravilhar com as informações de caráter aparentemente oculto oferecidas. As mudanças que supostamente teriam

[36] *A Sabedoria Oculta na Bíblia Sagrada,* Geoffrey Hodson. Editora Teosófica, 2007, p. 163.

ocorrido na estrutura da Hierarquia são relatadas em todos seus detalhes. Há a informação de que Sanat Kumara, o Senhor do Mundo, foi convencido a deixar seu posto supremo na Hierarquia, em favor do Senhor Buda. Com isso várias mudanças ocorreram na estrutura hierárquica.

"*Em 1º de janeiro de 1956, numa cerimônia realizada no Retiro de Royal Teton* (de forma surpreendente nos Estados Unidos e não em seu tradicional reduto nas regiões trans-Himalaias. N.A.), *Gautama sucedeu a Sanat Kumara no cargo de Senhor do Mundo e Maitreya sucedeu a Gautama nos cargos de Cristo Cósmico e Buda Planetário, passando o manto de Instrutor do Mundo aos candidatos a esse cargo, Jesus Cristo e Kuthumi.*" Parece estranho que agora existam dois Instrutores do Mundo, sendo um, o Mestre Jesus, do Sexto Raio, apesar desse cargo ser sempre ocupado por um Mestre do Segundo

Raio, pois esse reflete a energia divina utilizada nessa função. Com isso outros espaços teriam sido abertos nos cargos de Chohans dos Raios. O Mestre Ascenso Lanto teria assumido o cargo de Chohan do Segundo Raio. Também é dito que Lanto "*alcançou sua mestria quando estudava sob a orientação do Senhor Himalaia, Manu da Quarta Raça Raiz, cujo Retiro do Lótus Azul está escondido nas montanhas que levam o seu nome.*" Outra promoção relatada é a da Mestre Ascensa Nada, que assumiu o Sexto Raio, com a transferência de Jesus, conjuntamente com Koot Hoomi, para o cargo de Instrutor do Mundo.

De acordo com essas comunicações, a Hierarquia teria passado, no século XX, a refletir nos planos espirituais os anseios de melhor representatividade de sexos e raças da era atual. Além da Mestra Ascensa Nada, somos informados que a Mestra Ascensa Kwan Yin, que teria precedido o

Mestre Ascenso Saint Germain como Chohan do Sétimo Raio, tornou-se um dos sete Mestres Ascensos que atuam no Conselho do *Karma*, trazendo assim um melhor equilíbrio para a polaridade negativa na dispensação da misericórdia e justiça divina. Até a minoria negra (nas Américas, onde teriam sido feitas essas revelações), obteve uma fatia do poder. "*O Mestre Ascenso Afra tornou-se o primeiro Mestre Ascenso da África, passando a ser o patrono da África e da raça negra.*" Por outro lado, o caráter predominante anglo-saxão da Hierarquia fica patente pelos cabelos louros dos Mestres nas fotografias que são apresentadas no livro: *Senhores dos Sete Raios* de Mark e Elizabeth Prophet, e nas páginas da WEB da Summit Lighthouse do Brasil. Aparecem com cabelos louros: Jesus, Paulo Veneziano, Saint Germain, Nada e Maria, mãe de Jesus. Uma última curiosidade: provavelmente refletindo o axioma hermético de que o que está em baixo é como o que está em cima, encontramos na Hierarquia um misterioso ser descrito como K-17, que seria o Diretor do Serviço Secreto Cósmico – ao que tudo indica, as atribuições deste serviço secreto cósmico são tão secretas que não foram divulgadas.[37]

Com a entrada da Era de Aquário, os Mestres teriam informado que uma aceleração estaria ocorrendo no processo evolutivo da humanidade. Para ajudar nessa aceleração a Mestre Ascensa Nada teria concedido a Ciência da Palavra Falada, e o Mestre Ascenso Saint Germain o poder para toda a humanidade transmutar seu *karma* negativo por meio da Chama Violeta. Os procedimentos para a utilização desse novo instrumental teriam sido explicados exaustivamente em inúmeras comunicações de diferentes Mestres. A ajuda

[37] *A Ciência da Palavra Falada,* Mark e Elizabeth Prophet. Summit Lighthouse do Brasil, p. 127.

parece ser tão poderosa que o discípulo que proceder de acordo com as instruções ministradas, poderia "ascender" numa só vida.

É dito que um discípulo inteiramente dedicado pode passar da Terceira Iniciação para a Ascensão (Sexta) em seis anos de vida rigorosamente de acordo com a nova revelação. A razão pela qual o Caminho tornou-se tão mais fácil, comparado com o das antigas tradições, é que atualmente, "*Um Mestre Ascenso precisaria transmutar ao menos 51 por cento de seu karma e receber as iniciações do Raio Rubi no ritual da Ascensão.*"

Os Mestres Ascensos conferem grande atenção à Ciência da Palavra Falada. Essa ciência ter-se-ia originado no momento da manifestação do Universo, pois, no princípio *"Deus disse: 'Haja luz' e houve luz"* (Gn 1:3). Para esse ato criador Deus não pensou nem meditou, mas sim disse, *'haja luz'*. O poder do Verbo é a energia mais poderosa de toda a manifestação. Os Mestres Ascensos ajudaram o homem moderno a "*resgatar a Ciência da Palavra Falada, utilizada há 12 mil anos atrás nos templos sagrados da Lemúria e da Atlântida.*"[38]

A Ciência da Palavra Falada é operacionalizada por meio de decretos. O homem, a quem Deus outorgou o poder de ser também um criador, deve ordenar por decreto às hierarquias criadoras, presididas pelos anjos e arcanjos, especificamente o que deseja realizar. O decreto é, portanto, "*o poder do Verbo na solução de problemas e elevação da alma.*"

Teria sido revelado que: "*o decreto é a mais poderosa das petições à Divindade. É uma ordem, proferida pelo filho ou filha de Deus em nome da Presença do EU SOU e do Cristo, para que a vontade do Todo-Poderoso seja manifestada,*

[38] *A Ciência da Palavra Falada*, contracapa.

assim em baixo como no alto. É o meio pelo qual o reino de Deus se torna realidade aqui e agora, usando o poder da Palavra Falada."[39]

É passada ainda a informação de que o ser humano deve ter fé no poder dos decretos, pois "*A lei cósmica afirma que as ideias expressas em palavras tornam-se obrigatoriamente realidade quando são proferidas em nome de Deus e pela autoridade da chama de Cristo.*"[40] Para aumentar o incentivo ao uso da Ciência da Palavra Falada, o Senhor Maitreya teria anunciado por ocasião de uma conferência, realizada em Washington, D.C., em 01/07/1961, que: *"De hoje em diante, todo decreto que proferirdes será multiplicado pelo poder de dez mil-vezes-dez mil"*[41], ou seja, será cem milhões de vezes mais forte.

O outro instrumento utilizado pelos Mestres

[39] *A Ciência da Palavra Falada,* p. 23.
[40] *A Ciência da Palavra Falada,* p. 20.
[41] *A Ciência da Palavra Falada,* p. 62.

Ascensos para acelerar a evolução da humanidade é a utilização da poderosa energia da chama violeta para a transmutação das negatividades. A esse respeito os Mestres teriam declarado: "*A dispensação permitindo que a chama violeta fosse posta à disposição dos discípulos neste século foi concedida pelos Senhores do Karma porque Saint Germain compareceu perante esse augusto conselho para advogar, como defensor da humanidade, a causa da liberdade.*" "*A chama violeta perdoa à medida que liberta, consome à medida que transmuta, elimina os registros do karma do passado (saldando assim as vossas dívidas para com a vida), uniformiza o fluxo de energias entre vós e os outros, e impele-vos para os braços do Deus vivente.*" "*Venho esta noite, em nome de Deus, para declarar a todos os homens que a vida eterna é mantida pelo poder da chama violeta! Compreendeis o que isso significa, amados? Significa que o uso da chama violeta e do fogo sagrado dá a todos os homens o passaporte para a vida eterna, e não há outro meio de obterem a liberdade."*[42]

Numa série de comunicações mais recentes, a Mestra Ascensa Kwan Yin teria concedido à humanidade sofredora um poderoso método de cura, que veio a ser conhecido como Magnified Healing (Cura Magnificada). Essa modalidade de cura seria antiquíssima, e antes de 1983 só era usada nas dimensões superiores pelos Mestres Ascensos. Em 1992, pela intervenção direta da Mestra Kwan Yin, a Cura Magnificada do Deus Supremo do Universo teria sido facultada em sua forma expandida para o avanço espiritual da humanidade e da Terra. Com a disseminação desse processo de cura, já existem mais de 21 000 iniciados neste método em 52 países.

'Magnified Healing' foi transmitida original-

[42] *A Ciência da Palavra Falada*, pp. 77, 82 e 117.

mente a duas cooriginadoras norte-americanas: Kathryn Anderson e Gisèle King. Kathryn é uma Ministra Ordenada e mestre em Reiki, sendo uma Instrutora de instrutores. Gisèle é uma curadora, Ministra-Diretora do Movimento da Fraternidade Universal e mestre em Reiki.

Kathryn e Gisèle teriam recebido as Chaves finais da Ascensão, aceitando o manto de Instrutoras-Mestras de Magnified Healing do Deus Supremo do Universo, por meio da Mestra Kwan Yin. A 3ª Fase do método de Cura da Luz ter-lhes-ia sido dada pelo Arcanjo Melchizedek, no final do ano de 1996.

Avaliação das Doutrinas e Práticas Atribuídas aos Mestres Ascensos

Avaliação é uma coisa séria. Para minimizar os perigos de possíveis erros de apreciação das práticas e dos conceitos apresentados na literatura canalizada sobre os Mestres Ascensos, procurarei ater-me aos fatos mais relevantes, sobre os quais as informações disponíveis permitem um nível aceitável de segurança nessa avaliação.

Em primeiro lugar, os seguidores dos Mestres Ascensos enfatizam práticas exteriores em detrimento da interiorização. Para entendermos o perigo dessa distorção devemos recordar que os dois esteios da vida espiritual são a autotransformação e a sintonia crescente com a Divindade. Para isso é indispensável a introspecção, ou seja, a mudança de foco do exterior para o interior. A autoanálise e a meditação são as práticas mais usadas para esses fins.

Leadbeater, em suas considerações sobre o caminho iniciático, indica que um dos três obstáculos para a Segunda Iniciação é a superstição, que "*inclui todas as espécies de crenças irracionais e errôneas, entre elas a de que os ritos e as cerimônias externas são necessários para a purificação do coração. O Iniciado verifica que todos os métodos que nos são oferecidos pelas grandes religiões, tais como orações, sacramentos, peregrinações, jejuns e a observância de múltiplos ritos e cerimônias, não passam de meios auxiliares, e o homem prudente adotará disso o que ele achar útil para si, porém jamais considerará qualquer deles como suficiente para alcançar a salvação. Ele sabe definitivamente que tem de buscar a libertação em seu interior.*"[43]

---

[43]*Os Mestres e a Senda*, op.cit., pp. 188-9.

A Ciência da Palavra Falada é a principal prática espiritual dos seguidores desse movimento. Realmente o Som, também referido como o Verbo, o Logos e a Palavra, é a energia mais poderosa do Universo. No entanto, o Som primordial, que deu início à manifestação do Universo, não pode ser tomado como uma palavra pronunciada por Deus, como nós humanos a utilizamos no plano físico. Na realidade, Deus não é uma pessoa física com boca e cordas vocais que pronuncia essa ou aquela palavra.

Portanto, quando é mencionado em Gênesis que Deus disse: "Haja luz", algo simbólico está sendo comunicado a nós seres humanos, incapazes que somos de alcançar com nossa limitada mente concreta o que ocorreu no Imanifestado ao iniciar o processo de manifestação. Naquele momento, a ordem divina "reverberou" numa dimensão do espaço inteiramente diferente do nosso mundo, fazendo com que a vibração repercutisse de uma forma tal, que nós só poderíamos concebê-la, em termos de nossa experiência, chamando-a de Palavra de Deus. Reiteramos que quando tomamos as passagens da Bíblia em seu sentido literal estamos sujeitos a tirar conclusões inteiramente errôneas. Todas as escrituras sagradas são coletâneas de ensinamentos profundos, velados pela linguagem da alegoria e do símbolo.[44]

Os sábios da antiguidade, por meio de incansáveis experiências, conseguiram identificar a combinação de certos sons, ou mantras, que podiam ser usados para fins determinados. Esse conhecimento foi codificado no *mantra yoga* do Oriente. Os iogues da Índia, e os teurgos e magos de todas as tradições, sempre usaram mantras em

[44]Vide: *A Sabedoria Oculta na Bíblia Sagrada,* Geoffrey Hodson. Editora Teosófica, 2007.

seus rituais e práticas espirituais. A repetição de um mantra, como o *AUM*, com a devida pronúncia e ritmo (que poucos conhecem), é de grande ajuda na purificação dos veículos inferiores do praticante, na sua preparação para a almejada expansão de consciência e, também, para a realização de fenômenos conhecidos como *siddhis*.

Esse conhecimento milenar não é devidamente considerado, sendo até mesmo sutilmente distorcido na literatura em pauta. Isso fica claro na mensagem supostamente atribuída ao Senhor Maitreya: "*Vários sistemas de meditação ióguica oferecem métodos para acalmar a mente do homem e produzir uma maior sintonia com o Divino. Alguns desses métodos tornaram-se arriscados quando aplicados pelo homem ocidental, pois exigem do praticante uma grande disciplina mental e espiritual. Os decretos, por outro lado, são relativamente simples de dominar uma vez compreendidos os princípios básicos, e muito mais eficazes.*"

Os métodos ióguicos "arriscados" são aqueles que envolvem a movimentação de energias, como o *pranayama*, o *laya yoga*, o *kundalini yoga* e o *tantra yoga*. No entanto, os mantenedores da sabedoria milenar, conhecendo esses perigos, estabeleceram a tradição de só transmitir a totalidade da prática por meio de um guru devidamente capacitado, que acompanha os primeiros exercícios de seu discípulo para assegurar que eles sejam realizados de forma correta e em segurança. Ainda que alguns livros pareçam ensinar algumas dessas práticas, ficam faltando sempre alguns passos fundamentais que só são transmitidos de boca a ouvido.

Também não nos parece correta a afirmação de que o 'decreto' seja a forma mais elevada de comunicação com Deus, como sugerido na seguinte passagem: "*Essa ciência milenar (a Ciência da Palavra Falada) combina oração, meditação e visualização com decretos poderosos – e é um avanço em relação a todas as formas de oração usadas no Oriente e no Ocidente.*" Os verdadeiros iogues e os místicos de todas as tradições sabem, por experiência própria, que justamente o oposto é correto. A oração falada sempre foi considerada a mais simples de todas as preces. A mais poderosa é a oração do silêncio, ou contemplação, em que o silêncio se estende até mesmo à mente. Os místicos conseguem, por meio da contemplação, alcançar a união com O Bem Amado, como descrito na obra clássica *Castelo Interior ou Moradas,* de Teresa de Ávila.[45] Esse também é o propósito central do *yoga,* a aquietação dos processos mentais, descrita na celebrada obra *Yoga-Sutras* de Patanjali,[46] para

[45] *Castelo Interior ou Moradas,* Santa Teresa de Jesus. Paulus, 1981.
[46] Vide: *A Ciência do Yoga,* I. K. Taimni. Editora Teosófica, 5ª ed. 2011.

que o iogue alcance o *samādhi*, ou união com *Ātmā*. "*Deus é silêncio em vez de discurso. A coisa mais bela que o homem pode dizer de Deus é que, conhecendo Suas riquezas interiores ele torna-se silencioso. Portanto, não seja tagarela com Deus.*"[47]

Muitos cristãos surpreendem-se ao saber que a "oração do silêncio" foi ensinada por Jesus, há dois mil anos, como atesta a passagem: "*Tu, porém, quando orares, entra no teu quarto e, fechando tua porta, ora ao teu Pai que está lá, no segredo; e o teu Pai, que vê no segredo, te recompensará*" (Mt 6:6). Como a linguagem da Bíblia é simbólica, a seguinte interpretação é sugerida: entrar em nosso quarto significa entrar em consciência na câmara secreta do coração. Fechar a porta significa desligar-se dos ruídos do mundo e da mente. Orar ao Pai que

[47]Pensamentos de Eckhart e Sankara, dois dos maiores místicos do Ocidente e Oriente, citados por Rudolf Otto, *Mysticism East and West,* The McMillan Co., N.Y., 1932, p. 31.

lá se encontra, significa nos sintonizarmos com a Presença de EU SOU em nosso coração. Orar em segredo significa aquietar a mente e permitir que no silêncio que se segue possamos ouvir a Deus, e não nossas próprias palavras e pensamentos. Finalmente, a recompensa prometida é sermos admitidos à Sua Presença.

Quanto à prática de repetição de decretos em voz alta, talvez outra orientação de Jesus apresentada no Sermão da Montanha seja pertinente: "*Nas vossas orações não useis de vãs repetições, como os gentios, porque imaginam que é pelo palavreado excessivo que serão ouvidos. Não sejais como eles, porque o vosso Pai sabe do que tendes necessidade antes de lho pedirdes*" (Mt 6:7-8).

Isso não quer dizer que a prática de Decretos não tenha um certo poder espiritual. Tão importante, senão mais importante do que a forma exterior de devoção, é a intenção do coração. Krishna (simbolizando a Deidade Suprema no coração de cada homem) ensinou a Arjuna (o discípulo devotado): "*Aquele devoto que busca adorar com fé qualquer aspecto semelhante, em verdade, a esse homem confiro uma fé inabalável. Dotado com essa fé, ele busca o culto de um daqueles aspectos, e dele obtém o que deseja, mas Eu concedo, em verdade, os benefícios.*"[48]

A recitação dos Decretos em voz alta, em grupo, sendo uma expressão de devoção a Deus, pode mesmo atrair a atenção dos anjos, como ocorre na Missa e nos Serviços das Igrejas cristãs. Geoffrey Hodson, um elevado vidente que se comunicava com anjos escreveu: "*O ministério dos anjos, uma doutrina cardeal de muitas religiões, há muito tem sido uma realidade vivente para*

[48] *Bhagavad Gita*. Editora Teosófica, 2010.

numerosas pessoas. Pesquisas ocultas apoiam a doutrina, revelando que, como parte desse ministério, certas Ordens de anjos estão presentes regularmente nos serviços religiosos e certos outros cerimoniais."[49]

As várias mudanças na Hierarquia anunciadas nas comunicações atribuídas aos Mestres Ascensos podem ser questionadas, a começar pela suposta renúncia de Sanat Kumara de seu posto de Senhor do Mundo. A tradição sabedoria ensina que esse grande Ser, que veio para a Terra há seis e meio milhões de anos, comprometeu-se a guiar a humanidade pelo resto deste período de manifestação de nosso Planeta, como chefe da hierarquia espiritual e Iniciador Único. Encontramos em *A Doutrina Secreta* que esse augusto Ser "*não deixará o seu posto senão no último dia deste*

[49] *O Reino dos Deuses,* Geoffrey Hodson. Ed. Pensamento, p. 133. Vide também: *The Science of Sacraments* e *The Hidden Side of Christian Festivals*, ambos de C.W. Leadbeater.

Ciclo de Vida."[50]

É importante lembrar que o Senhor do Mundo expressa o aspecto poder (Primeiro Raio) do Logos em nosso Planeta, e o Senhor Buda o aspecto sabedoria (Segundo Raio). Se, porventura, o Senhor do Mundo deixasse seu cargo, seu sucessor seria um Adepto do Primeiro Raio e não o Senhor Buda. Como todas as outras mudanças anunciadas na estrutura da Hierarquia dependem da veracidade da renúncia de Sanat Kumara a seu posto, torna-se desnecessário tecermos argumentos sobre as outras mudanças subsequentes, apesar de existirem claros indícios de que as coisas permanecem na Hierarquia como eram há um século. Mudanças na Hierarquia são muito raras, especialmente nos mais altos níveis, onde um Grande Ser geralmente ocupa um posto por vários milênios. Essa questão, não só é difícil de

[50] *A Doutrina Secreta*, H.P. Blavatsky. Ed. Pensamento, Vol. I, p. 246.

resolver com provas cabais, como é ainda, de certa forma, irrelevante para a vida espiritual. Nosso progresso espiritual não depende em absoluto de nos mantermos atualizados sobre as supostas novidades em Shambala.[51]

O aspirante deve se concentrar na autotransformação e em dar o passo seguinte na Senda, e não em gastar o precioso tempo que a Providência Divina lhe concedeu em especulações sobre a vida dos Grandes Seres. Vale a pena lembrarmos mais uma vez a recomendação do Mestre K.H., em sua última carta escrita em 1900: "*O falatório acerca dos 'Mestres' deve ser silencioso mas firmemente eliminado. Nós trabalhamos anônima e silenciosamente, e a contínua referência a nós e a repetição de nossos nomes gera uma aura confusa que atrapalha nosso trabalho.*"[52] Encontramos

---

[51] Cidade mitológica, noutra dimensão, em que é dito residem muitos dos Grandes Seres.

[52] *Cartas dos Mestres de Sabedoria*, op.cit., p. 107.

na tradição judaico-cristã um paralelo nos mandamentos apresentados por Moisés: "*Não pronunciarás em vão o nome de Iahweh teu Deus*" (Ex 20:7).

Talvez seja pertinente, porém, algumas observações sobre alguns membros da Hierarquia mencionados na literatura dos Mestres Ascensos. Os novos Chohans que supostamente teriam assumido o Segundo e o Sexto Raio, os Mestres Ascensos Lanto e Nada, não são conhecidos na literatura esotérica tradicional, sendo mencionados pela primeira vez nas canalizações atribuídas aos Mestres Ascensos. No caso de Saint Germain e Kwan Yin, os questionamentos são de outra natureza. É dito que Kwan Yin precedeu a Saint Germain como Chohan do Sétimo Raio e que essa transferência de cargo deu-se em 1954.[53] No entanto, na obra *Os Mestres e a Senda*, publicada

[53] Informação apresentada na página da internet, versando sobre Magnified Healing e a Mestra Kwan Yin.

pela primeira vez em 1925, é dito: "*O Chefe do Sétimo Raio é o Mestre Conde de Saint Germain, personagem histórico do século XVIII, também conhecido como o Mestre Rakoczi.*"[54] Portanto, de acordo com a tradição oriental, o Conde de Saint Germain já era o Chohan do Sétimo Raio, pelo menos dois séculos antes de 1954, quando, de acordo com a literatura dos Mestres Ascensos, ele teria supostamente assumido essa alta função.

Com relação à Mestre Ascensa Kwan Yin, o problema é a personificação antropomórfica de um princípio impessoal. Kwan-Shi-Yin e Kwan-Yin são nomes chineses para os aspectos masculino e feminino de Avalokiteshvara. De acordo com *A Doutrina Secreta*: "*Kwan-Shi-Yin é Avalokiteshvara, e ambos são formas do Sétimo Princípio Universal; enquanto que em seu caráter metafísico mais elevado, essa*

[54] *Os Mestres e a Senda*, C.W. Leadbeater. op.cit, pp. 242-243.

Divindade é a agregação sintética de todos os Espíritos Planetários, os Dhyan-Chohans. Ele é o 'Manifestado por Si Mesmo'; numa palavra, o 'Filho do Pai'."[55]

Não podemos descartar a possibilidade de que tenha existido um Grande Ser, coincidentemente na China, chamada de Kwan Yin, que tenha se tornado um Mestre de Sabedoria. No entanto, em nenhuma parte da literatura esotérica, antes do aparecimento das revelações atribuídas aos Mestres Ascensos, qualquer referência foi feita a essa personagem. Ao contrário, Kwan Yin sempre representou um princípio e não uma pessoa.

A outra prática central atribuída aos Mestres Ascensos é a transmutação do *karma* por meio da chama violeta, de acordo com o ministério do Mestre Ascenso Saint Germain, e da repetição de decretos, de acordo com o ministério da Mestra

[55] *A Doutrina Secreta*, H.P. Blavatsky. Ed. Pensamento, vol. II, p. 180.

Ascensa Nada. Muitos decretos e rituais de cura dos devotos dos Mestres Ascensos estão voltados para esse fim. Em primeiro lugar, convém investigarmos o método pelo qual esse procedimento teria se tornado possível. Numa citação anterior, de material canalizado pela Summit Lighthouse, foi dito: "*A dispensação permitindo que a chama violeta fosse posta à disposição dos discípulos neste século foi concedida pelos Senhores do Karma porque Saint Germain compareceu perante esse augusto conselho para advogar, como defensor da humanidade, a causa da liberdade.*" Em primeiro lugar, os Senhores do *Karma,* ou *Lipikas,* os "escribas" que registram todas as palavras, ações e pensamentos dos homens nesta Terra, como são conhecidos na literatura esotérica, "são os agentes do *karma*"[56] e não membros de um suposto conselho do *karma.*

[56] *Glossário Teosófico,* H.P. Blavatsky. Editora Gound.

O *karma* sendo a lei fundamental e inexorável da operação do universo manifestado não está sujeito a "deliberações" de um conselho.

Tampouco os Mestres agem como políticos demagogos falando de forma emotiva, visando o impacto popular, propondo modificar uma lei irrevogável "*advogando, como defensores da humanidade, a causa da liberdade.*"

A transmutação, porém, é uma realidade conhecida da alquimia. Como Saint Germain foi o maior alquimista conhecido no Ocidente, é natural que os rituais de transmutação sejam sempre referidos a ele, principalmente quando é utilizada a chama violeta, instrumento de trabalho notório do Sétimo Raio. No entanto, existe uma grande diferença entre transmutar as negatividades de um indivíduo e transmutar seu *karma*. Quando falamos de transmutar negatividades, estamos nos referindo às tendências da natureza inferior da pessoa. Essas tendências, *skandas* de acordo com os budistas, ou *samskaras* de acordo com os hinduístas, são os tiranos que escravizam os homens numa roda viva de repetições de atos, palavras e pensamentos negativos, que necessariamente resultam em sofrimento.

Mas transmutação de *karma* é outro departamento. O *karma* é uma das leis fundamentais do universo e, como tal, é imutável. Consideremos, por exemplo, outra lei do universo, a da gravitação. O que iria ocorrer se um Grande Ser decidisse alterar um pouco a gravitação do planeta Terra, para que ele ficasse mais perto do Astro Rei, o Sol? Ou ainda acelerar ou retardar um pouco a rotação da Terra ao redor de seu eixo? Por pequena que fosse a alteração, o resultado seria uma catástrofe indescritível. Uma lei divina universal é, por definição, tautologicamente, universal e eterna. Não pode ser alterada.

Uma das muitas dádivas preciosas legadas à humanidade por Blavatsky foi o conhecimento das condições preliminares para aspirantes, contidas no lendário tratado de Kiu-te, do qual foram também tiradas as Estâncias de Dzian, a fundamentação para *A Doutrina Secreta*. A quarta dessas condições é de especial relevância para este ensaio: "*Fé verdadeira e invariável na Lei do Karma, independentemente da intervenção de qualquer poder da Natureza – uma lei cujo curso não deve ser obstruído por qualquer ação, nem se deve tentar desviar por prece ou cerimônias exotéricas propiciatórias.*"[57]

Uma das joias mais preciosas da literatura esotérica, conhecida como *A Voz do Silêncio,* descreve a verdadeira tortura interior do Arhat, ao constatar a extensão do sofrimento da humanidade

---

[57]*Collected Writings,* H.P. Blavastky. vol. VIII, p. 294.

em face à sua incapacidade de alterar o curso dos eventos *kármicos*. O Arhat passa por "*uma angústia mental indizível, dor pelos mortos-vivos, e impotente compaixão pelos homens das tristezas kármicas, cujos frutos do karma, os Sábios não ousam deter. Porque está escrito: 'Ensina a evitar todas as causas; a agitação dos efeitos, como à grande onda da maré, deixarás seguir o seu curso'*".[58]

Blavatsky afirma categoricamente que: "*Os Mahatmas são os servos, não os árbitros da Lei do Karma.*"[59] Vemos nas Cartas dos Mahatmas várias passagens indicando a imutabilidade do *karma*: "*A justiça absoluta não vê diferença entre os muitos e os poucos... Em nossa Fraternidade todas as personalidades submergem em uma ideia – o*

[58] *A Voz do Silêncio.* Editora Teosófica, pp. 175-176, 2012.

[59] "*Chelas and Lay Chelas*", artigo originalmente publicado na revista *The Theosophist* e reproduzido em *Five Years of Theosophy* (Londres, Reeves and Turner), p. 55.

direito abstrato e a justiça prática absoluta para todos."[60] "*Não podemos alterar o Karma, meu 'bom amigo', de outro modo nós dissiparíamos a nuvem atual que há sobre seu caminho. Mas fazemos tudo o que é possível nestas questões materiais.*"[61] "*A vida e a luta pelo Adeptado seriam muito fáceis, se tivéssemos sempre varredores atrás de nós a limpar os efeitos por nós gerados em nossa inconsideração e presunção.*"[62] "*Tendes especialmente de conservar em mente que a mais leve causa produzida, embora inconscientemente, e seja qual for seu motivo, não pode ser desfeita nem os efeitos detidos em seu progresso, nem mesmo por um milhão de Deuses, demônios e homens combinados.*"[63] Podemos em sã consciência imaginar que os sábios membros

[60] *Cartas dos Mahatmas para A.P. Sinnett*, op.cit., Vol. II, p. 260.
[61] Op.cit., Vol. II, p. 318.
[62] *Meditações – Excertos de Cartas dos Mestres de Sabedoria.* Editora Teosófica, 2003, p. 136-7.
[63] *Meditações*. op.cit., p. 141.

dessa Fraternidade, tendo afirmado de forma tão contundente a imutabilidade do *karma*, iriam mudar de ideia alguns anos mais tarde e passar a '*varrer atrás de seus devotos os efeitos gerados por seu karma*'? Ou transmutar as causas produzidas e seus efeitos, que '*nem mesmo um milhão de Deuses, demônios e homens combinados poderiam desfazer*'?

Jesus também pregou a imutabilidade do *karma*. Algumas passagens da Bíblia atestam esse fato, na linguagem simbólica que lhe é usual: "*Porque em verdade vos digo que, até que passem o céu e a terra, não será omitido nem um só i, uma só vírgula da Lei* (*do Karma* - N.A.), *sem que tudo seja realizado*" (Mt 5:18). "*Assume logo uma atitude conciliadora com o teu adversário, enquanto estás com ele no caminho, para não acontecer que o adversário te entregue ao juiz e o juiz, ao oficial de justiça, e, assim, sejas lançado na prisão* (da roda de renascimentos. N.A.). *Em verdade te digo: dali não sairás, enquanto não pagares o último centavo*" (Mt 5:25-26). "*Tudo aquilo, portanto, que quereis que os homens vos façam, fazei-o vós a eles, pois esta é a lei e os* (ensinamentos dos - N.A.) *profetas*" (Mt 7:12). Paulo também reiterou esse ponto fundamental da vida espiritual em várias passagens, sendo a mais direta: "*Não vos iludais: de Deus não se zomba. O que o homem semear, isso colherá*" (Gl 6:7).

A imutabilidade do *karma* coloca em cheque todas as reivindicações de práticas que prometem a transmutação parcial ou total do *karma*. A repetição de decretos e o processo de cura de Magnified Healing enquadram-se nessa categoria. Magnified Healing é certamente uma poderosa energia de cura. Tendo recebido algumas aplicações dessa energia, posso afirmar que senti a energia atuando em meu corpo. Tudo leva a crer que Magnified Healing poderia ser considerado um "super-Reiki" ou "Reiki magnificado." Essa hipótese ganha força quando verificamos que as duas americanas disseminadoras originais do processo já eram mestras de Reiki por muitos anos. Ainda que Magnified Healing seja comprovadamente uma poderosa energia de cura, atuando sobre os corpos sutis do ser humano, as considerações expostas acima, sobre a imutabilidade do *karma* como uma lei universal, põem em questionamento a reivindicação de que a dimensão espiritual dessa energia também poderia transmutar o *karma* do "paciente."

É interessante notar que a aplicação dessa energia, dispensada pelo 'Deus Supremo do Universo,' pode ser cobrada dos "pacientes," em contraste com a antiga lei oculta de que as energias espirituais não podem ser objeto de comércio. Nesse particular nossos irmãos espíritas são mais coerentes: os 'passes', a participação em rituais de cura e até mesmo as operações espirituais não são cobradas, ainda que os beneficiários possam contribuir de livre e espontânea vontade para a manutenção da obra. O estudante de esoterismo teria muito a aprender sobre essa questão em Palmelo, cidade goiana onde existem dezenas de indivíduos e instituições voltados para a cura espiritual trabalhando de forma voluntária e gratuita.

Voltando ao *karma*, a Lei divina estabelece que a semeadura é opcional, mas a colheita é obrigatória. Toda e qualquer ação, palavra e pensamento de um indivíduo cria figurativamente ondas no mar da substância universal que inexoravelmente retornarão a ele. "*Mas como cada perturbação se inicia de algum ponto específico, é evidente que o equilíbrio e a harmonia podem somente ser restaurados pela reconvergência para aquele mesmo ponto de todas as forças que a partir dele foram postas em movimento. E aqui temos a prova de que as consequências dos atos de um homem, de seus pensamentos, etc., precisam necessariamente agir sobre ele mesmo com a mesma força com que foram postas em movimento.*"[64] Mesmo os chelas e iniciados estão sujeitos à Lei. Isso nos remete ao ponto seguinte, a suposta aceleração do processo evolutivo, possibilitando a um discípulo tornar-se um Mestre Ascenso transmutando somente 51 por cento de seu *karma*.

A milenar tradição esotérica postula que, para receber a Quarta Iniciação, o Iniciado tem de quitar todo seu *karma* pendente. Essa é a razão por que alguns neófitos estranham o fato de certos santos e notórios servidores da humanidade, que ao longo da vida mostraram desprendimento,

[64] *A Chave para a Teosofia*, H.P. Blavatsky. Ed. Teosófica, 4ª ed., 2011.

sabedoria, amor ao próximo e bondade para com todos os seres, sofrerem todo tipo de infortúnio, doenças e até mesmo perseguições. Talvez um ou dois exemplos facilitem o entendimento da Grande Lei. O saudoso Chico Xavier passou a vida fazendo o bem, mas foi várias vezes injuriado e durante toda a sua vida sofreu de uma ou outra doença. Com seu conhecido bom humor, dizia que, apesar de uma vida celibatária, sempre foi assediado por duas senhoras: Glaucoma e Angina, que não lhe deixavam em paz (com terríveis dores nos olhos e no coração).

A indômita Helena Blavatsky renunciou a tudo para viver exclusivamente a serviço do mundo, tendo sido difamada, injuriada e passado por necessidades materiais e enfermidades dolorosas, permanecendo, porém, sempre firme no serviço de seu Mestre. Dois fatos relacionados à imutabilidade do *karma* aparecem de forma curiosa na vida de Blavastky. Numa batalha pela unificação da Itália, recebeu um tiro, ficando a bala alojada perto da coluna, causando-lhe dores e desconforto. Apesar dos médicos não poderem retirar a bala, ela, com seus poderes ocultistas, poderia desmaterializar o projétil. No entanto, não tinha permissão para fazê-lo, pois estaria infringindo a lei do *karma* e usando poderes ocultos em benefício próprio.

Num determinado momento em que Blavatsky estava passando por um período difícil devido a acusações de seus detratores, Sinnett pede ao Mestre que a ajude e recebe a seguinte resposta: "*Devo dizer que ela está sofrendo muito e não posso ajudá-la, porque tudo isso é o efeito de causas que não podem ser anuladas – ocultismo na teosofia.*"[65] Tempos depois, enquanto estava trabalhando na sua grande obra, *A Doutrina*

[65] *Cartas dos Mahatmas para A. P. Sinnett*, op.cit., Vol. I, p. 177.

Secreta, seu corpo combalido não dava mais sinais de resistir aos inúmeros problemas de saúde que enfrentava. O médico que a acompanhava já dava como certa a sua morte. Nesse instante, porém, seu Mestre apareceu em corpo físico e perguntou se ela queria por um fim ao seu sofrimento ou preferia continuar a viver para terminar seu trabalho. Blavatsky não hesitou em decidir pela continuação do trabalho. Seu Mestre, então, reanimou seu corpo dando-lhe uma sobrevida, porém, sem curar as doenças que tinha, ou seja, sem mudar seu *karma*.

A única explicação para essas aparentes incoerências do *karma*, na vida de tantos grandes e notórios servidores da humanidade, é que esses grandes iniciados estariam resgatando o restante de seu *karma* ainda pendente de vidas passadas, para capacitá-los à Quarta Iniciação, que os tornariam Arhats, seres que não mais precisam encarnar, se optarem por entrar em *Nirvana.* A vida de sofrimento dos candidatos à Quarta Iniciação é, certamente, equivalente a uma verdadeira "crucificação" ainda que, no seu devido tempo, as atribulações sejam substituídas pela glória da "ressurreição."

A possibilidade de uma aceleração no processo evolutivo por meio de certas práticas é, sem dúvida, um grande incentivo para qualquer aspirante. No entanto, o famoso Caminho Acelerado de que trata a tradição esotérica, é o árduo Caminho da Iniciação, para o qual existem regras milenares rígidas seguidas pela Grande Hierarquia. A tradição menciona que o homem passa simbolicamente por 777 encarnações, desde sua individualização como ser humano até tornar-se um super-homem, um Iniciado do Quinto Grau, um Mestre de Sabedoria. As primeiras 700 encarnações simbolizam o longo caminho do homem mundano, materialista, vivendo para a gratificação dos sentidos. As 70 encarnações seguintes simbolizam o considerável período de desenvolvimento intelectual e moral, levando ao despertar espiritual, até tornar-se um discípulo aceito preparando-se para a Primeira Iniciação. As últimas 7 encarnações simbolizam o Caminho Acelerado, o número de encarnações necessárias para aquele que "entrou na corrente" atingir "a outra margem," ou seja, trilhar o Caminho Iniciático da Primeira à Quinta Iniciação.

Esses números de encarnações obviamente são simbólicos. Podem ser mais, ou menos, dependendo do empenho de cada alma. O que é importante é a ordem de grandeza das três grandes etapas: a etapa das Iniciações representaria um décimo do tempo da etapa de evolução intelectual e moral, e essa um décimo da etapa da vida do homem comum, inteiramente mundana, egoísta e materialista.

Em contraste com essa experiência milenar, a

literatura dos Mestres Ascensos acena com uma notável aceleração do processo. Por exemplo, é dito que o discípulo dedicado pode passar da Terceira Iniciação para a Ascensão em seis anos de trabalho intenso.

Espera-se que um ser que "ascendeu" tenha tido uma longa série de encarnações a serviço da humanidade. Esse parece ter sido o caso dos dois grandes mensageiros dos Mestres Ascensos. Ballard relatou ter encarnado anteriormente como George Washington, e os reis da Inglaterra Henrique V e Ricardo I (Ricardo Coração de Leão). No caso de Mark Prophet, sua viúva informa-nos que em vidas passadas ele teria sido: Noé, Ló, Ikhnaton, Esopo, o discípulo Marcos, Orígenes, Lancelote, Bodhidharma, Saladino, Boaventura, Luís XIV e Longfellow.

Obviamente não nos compete questionar a nobre linhagem desses mensageiros dos Mestres

Ascensos, pois não temos credenciais para tanto. No entanto, devemos lembrar que o Noé da Bíblia é um personagem mítico. Ele representa o poder criativo masculino, sendo também a personificação de um dos dez Sephiroth.[66] Nas palavras de Geoffrey Hodson: "*Noé é a personificação do ocupante de uma Função (Manu) no Governo Espiritual dos Sistemas Solares, Cadeias, Rondas, Planetas e Raças. Noé representa mais especialmente os Manus Raiz e Semente, cuja vocação é de absorver e preservar dentro de suas auras (arcas), durante os Pralayas (dilúvio), as sementes das coisas vivas e as Mônadas dos homens. Essas eles entregam aos seus sucessores no início do Manvantara seguinte (a dispensação após o dilúvio).*"[67]

É provável, portanto, que tenha havido um

[66] *A Sabedoria Oculta na Bíblia Sagrada*, Geoffrey Hodson. Editora Teosófica, p. 178.
[67] *A Sabedoria Oculta na Bíblia Sagrada*, op.cit., p. 178.

engano nas informações canalizadas por Elizabeth Prophet. Não é possível que Mark Prophet tenha encarnado como Noé. É dito que na Hierarquia Terrena, um Manu é um Iniciado do Sétimo Grau.[68] Portanto, se Mark porventura tivesse sido Noé, ele teria *regredido* em vez de evoluir, pois, após várias encarnações, teria alcançado no século passado outra vez o nível de um Mestre Ascenso, ou seja a Sexta Iniciação, na terminologia da Summit Lighthouse. Esse fato levanta uma dúvida: erros semelhantes também não poderiam ter ocorrido em outras partes do material canalizado por Elizabeth Prophet e por outros mensageiros dos Mestres Ascensos? Nesse caso, que grau de confiança podemos ter no material canalizado?

[68]Vide: *Fundamentos de Teosofia,* C. Jinarajadasa. Ed. Pensamento, p. 209.

Conclusões

É dito que existem tantos Caminhos como existem seres humanos e que as necessidades de cada um mudam com o passar do tempo. Da mesma forma como as brincadeiras de criança dão lugar aos esportes e à busca da sensualidade no adolescente, mais tarde aos jogos de poder no adulto e, finalmente, no homem maduro ao anseio espiritual, assim também, o buscador da verdade passa por diferentes etapas em sua jornada. Em cada etapa da vida teremos novos desafios. Assim como a fruta só aparece na estação certa, no ser humano o amadurecimento espiritual virá no seu devido tempo, e a Providência Divina colocará ao nosso alcance as circunstâncias mais favoráveis ao nosso progresso. Cabe a cada um, porém, discernir o que lhe é mais apropriado e tomar as ações devidas para aproveitar as oportunidades ao seu alcance.

Porém, devemos ter sempre em mente que todas as informações, instruções e revelações do exterior, estejam elas contidas nas Sagradas Escrituras, livros inspirados, nas palavras de grandes sábios ou em mensagens canalizadas, são meramente meios para um fim. O objetivo último de toda a vida espiritual é a experiência interior de unidade com o Todo e com todos, ou a união com Deus, como dizem os místicos. Nas palavras de Lama Govinda, "*Os instrutores tibetanos sempre enfatizam o fato de que a verdade última não pode ser expressa em palavras, mas somente experimentada em nosso interior. Portanto, nossas crenças não são importantes, mas sim o que nós experimentamos e praticamos, e como isso afeta a nós mesmos e o ambiente que nos cerca.*"[69]

[69] *Insights of a Himalayan Pilgrim,* Lama Govinda. Dharma Press, p. 38.

Aqueles que se sentem confortáveis em sua tradição ou movimento, nele encontrando tudo o que seu coração pede, devem aproveitar para mergulhar fundo em seus estudos e, principalmente, em suas práticas. Devemos ter em mente, porém, que cada um de nós é um diamante em processo de lapidação. Existem inúmeras facetas dessa pedra preciosa que precisam ser buriladas. Em geral, precisamos mudar de posição ou a direção do movimento, para burilar uma nova faceta. Por isso devemos ter em mente a sabedoria milenar contida na preciosa obra, Luz no Caminho: "*Busca o caminho recolhendo-te para o interior. Busca o caminho avançando ousadamente para o exterior. Não o busques por qualquer via especial. Para cada temperamento existe uma estrada que parece a mais desejável. O caminho, porém, não é encontrado só pela devoção, só pela contemplação religiosa, pelo progresso ardoroso, pelo trabalho com autossacrifício, pela atenta observação da vida. Nenhuma destas coisas isoladamente é capaz de levar o discípulo mais do que um passo adiante. Todos os degraus são necessários para formar a escada. Os vícios dos homens tornam-se degraus na escada, um a um, à medida que vão sendo superados.*"[70]

Por essa razão, convém ao buscador estar sempre atento a outros enfoques, a outras doutrinas, além daquelas professadas por sua religião, movimento ou tradição. É dito que uma das melhores maneiras de entendermos as doutrinas de nossa religião é estudarmos outra religião. Como estaremos começando do princípio e, no caso da "religião dos outros," não seremos tolhidos em nossas pesquisas por nossos condicionamentos oriundos de questões de fé doutrinária, torna-se mais fácil estudarmos e questionarmos até enten-

[70]*Luz no Caminho,* Mabel Collins. Editora Teosófica, 1999, pp. 49-50.

dermos os pontos fundamentais dessa outra religião. Isso invariavelmente nos remeterá a vários pontos paralelos de nossa própria religião, que anteriormente haviam sido aceitos mesmo sem ser entendidos. Como todas as religiões originam-se da mesma fonte e levam ao mesmo objetivo, não é de se estranhar que venhamos a encontrar inúmeras concordâncias ou paralelos em seus aspectos fundamentais. A teosofia, a sabedoria divina, é exatamente a essência esotérica fundamental que está por trás de todas as grandes religiões, tradições e movimentos espirituais.

Para meus queridos irmãos, seguidores dos ensinamentos dos Mestres Ascensos, que ainda estão lendo com pertinácia esta obra, apesar dos questionamentos levantados, sugiro simplesmente que procurem ler as cartas dos Mestres publicadas originalmente no século passado e disponíveis agora em português.[71] Algumas pessoas talvez prefiram ler inicialmente o livro: *Meditações – Excertos de Cartas dos Mestres de Sabedoria,*[72] que apresenta citações selecionadas, relacionadas com as principais virtudes requeridas na vida espiritual. Com essa leitura terão um termo de comparação entre o estilo e a doutrina ensinada diretamente pelos Mestres no final do século XIX e aquela apresentada atualmente pelo material canalizado atribuído aos Mestres Ascensos. Se esse estudo indicar que não existe grande diferença entre as duas fontes, então poderão prosseguir com a consciência tranquila de que estão tomando todos os cuidados possíveis para caminhar sempre em terreno sólido. Se, no entanto, descobrirem que existem diferenças importantes de métodos de instrução e de doutrina, terão então uma oportunidade para desenvolver

[71] *Cartas dos Mahatmas para A.P. Sinnett*, em dois volumes, Editora Teosófica, 2011 e *Cartas dos Mestres de Sabedoria,* Editora Teosófica, 2ª ed., 2010.

[72] Publicado pela Editora Teosófica em 2003.

seu discernimento e testar até que ponto a intuição é capaz de guiar sua vida.

Não há dúvida de que o anseio por receber instrução do Mestre é legítimo. Porém não podemos nos esquecer de duas máximas do ocultismo. A primeira é que: "*Quando o discípulo está pronto o Mestre aparece.*" Será que realmente estamos prontos para sermos instruídos pelos verdadeiros Mestres? Estamos prontos para enfrentar uma disciplina de treinamento mais exigente e rigorosa do que a dos atletas olímpicos, não só por alguns meses ou anos antes da competição, mas por toda nossa vida? Estamos prontos para assumir o compromisso de servir à humanidade, sem nenhuma distinção, por séculos e milênios sem fim, até que o último ser humano seja salvo? Estamos prontos para renunciar ao nosso conforto, aos nossos interesses pessoais e até mesmo aos nossos bens, para executar o trabalho do Mestre? Estamos prontos para continuar a servir, mesmo quando vilipendiados e injuriados? Estamos realmente conscientes de todas as implicações de nossa eventual aceitação como discípulo do Mestre?

A segunda máxima, uma extensão da Lei do *Karma*, é de que "*Cada um tem o Mestre que merece.*" Somente o próprio indivíduo pode avaliar o grau de sua pureza de coração, de seu altruísmo, de sua entrega a Deus, de seu amor incondicional por todos os seres, de sua humildade e de seu discernimento, para saber que tipo de Mestre ele merece.

O livro apropriadamente intitulado *Aos Pés do Mestre*, de Krishnamurti, menciona que existem quatro qualificações para Senda. "*A primeira dessas qualificações é o Discernimento, usualmente tomado no sentido da distinção entre o real e o irreal, que conduz o homem a entrar na*

Senda. É isso; mas é também muito mais, e deve ser praticado não somente no início da Senda, mas a cada passo, todo o dia, até o fim."[73] Os Grandes Instrutores alertam repetidamente que todo discípulo está se preparando para tornar-se um Mestre e, portanto, deve desenvolver seu intelecto, percepção e discernimento ao ponto de jamais ser enganado pelas ilusões do mundo. Se aspiramos a nos tornar discípulos, devemos também desenvolver o discernimento, investigando todos os ângulos da doutrina que nos for apresentada. Essa era uma recomendação constante do Senhor Buda: submetermos sempre ao crivo da mente e do coração os ensinamentos que nos são passados pelos sábios e pelas Escrituras, incluindo até mesmo a doutrina que ele havia ensinado. A fé cega leva ao fanatismo e à estagnação. A fé consciente, ao

[73] *Aos Pés do Mestre,* Editora Teosófica, 8ª ed. 2010.

contrário, leva ao crescimento e, no seu devido tempo, à iluminação.

Que a Luz Divina ilumine nossas mentes e fortaleça a nossa determinação, para que possamos trilhar o árduo Caminho da Perfeição que finalmente leva aos pés do Mestre.

Informações sobre Teosofia e o Caminho Espiritual podem ser obtidas na Sociedade Teosófica no Brasil no seguinte endereço: SGAS - Quadra 603, Conj. E, s/nº, CEP 70.200-630 Brasília, DF. O telefone é (61) 3226-0662. Também podem ser feitos contatos pelo telefax (61) 3226-3703 ou e-mail: st@sociedadeteosofica.org.br - www.sociedadeteosofica.org.br.

gráfika®
papel&cores

(61) 3344-3101
papelecores@gmail.com